AF332006

PÉTITION

A LA

CONVENTION NATIONALE

POUR les citoyens SAUVEUR FRANÇOIS LOUIS SHERLOCK, lieutenant au 92e. régiment d'infanterie en garnison au Cap-Français, tant en son nom que pour JEAN CLARKE-capitaine, RAYMOND, BOURKE, ANDRÉ, CREAGH, et PASCHAL BERNHARD, lieutenans.

CITOYENS REPRÉSENTANS,

L'ENCEINTE de vos séances a déja retenti plusieurs fois du bruit de l'insurrection arrivée au Cap le 19 Octobre 1792.

Les commissaires nationaux avaient voulu prévenir ce mouvement, en supprimant des conciliabules où l'on

A

conspirait contre le repos public, où l'on dressait des listes de proscription, où l'on invitait les soldats de la garnison à dénoncer leurs officiers.

Les soldats du bataillon du 92e. régiment, fermes dans leur devoir, répondirent qu'ils garantissaient le patriotisme de leurs officiers, qu'ils étaient contens de servir sous les ordres d'aussi bons citoyens qui leur donnaient l'exemple de la soumission aux loix, de la fermeté à braver les fatigues et les dangers de la guerre.

Cette réponse fut imprimée dans le journal Politique de Saint-Domingue.

Les agitateurs, ceux-là même que les commissaires nationaux ont récemment déportés en France, redoublerent d'efforts pour corrompre cet excellent bataillon, le seul de la garnison qui fût resté intact et qui, pendant l'insurrection et les cinq jours suivans, continua d'observer la plus exacte discipline.

Sa fidélité fut livrée à tous les moyens de séduction, vin, argent, promesses, tout fut prodigué pour le soulever contre ses chefs : on montrait aux soldats la perspective séduisante de remplacer les officiers qu'on avait déjà expulsés des autres corps, et ceux mêmes auxquels ils obéissaient encore.

Ces efforts perfides ne nous étaient pas inconnus; nous en portâmes nos plaintes aux commissaires nationaux qui nous engagerent à n'y pas faire attention, et nous continuâmes notre service à l'ordinaire; Clarke, mon camarade et moi, fûmes commandés de détachement pour le poste Gentaux, le plus avancé du camp de Bréda et le plus exposé au feu des rebelles ; Créagh, d'un autre côté, fut chargé du poste Métayer, le plus avancé du morne du Cap : nos soldats marcherent sous nos ordres avec autant de subordination que de bravoure.

A notre retour au Cap, nous apprimes que nous étions dénoncés par la compagnie de grenadiers, la seule qui eût été entraînée aux suggestions des ennemis du repos public, et qu'un de nos camarades nommé Haly qui avait couru de grands dangers dans la ville, avait obtenu un congé des commissaires nationaux pour aller à la nouvelle Angleterre, et se soustraire par ce moyen à la fureur populaire qui le menaçait.

Enfin, nous eumes nous mêmes la douleur de voir nos noms sur une liste de proscription affichée dans les rues et places publiques. Dans cette position, nous nous rendîmes chez les commissaires nationaux pour réclamer leur autorité contre une telle persécution, et nous les assurâmes en même-tems, que fermes et inébranlables à nos postes respectifs, nous y attendrions la mort, s'il le fallait, pour le salut public.

Les commissaires craignant sans doute de se compromettre en nous protégeant ouvertement, nous engagerent à accepter un congé limité pour aller en France ; ils nous le proposerent comme la seule mesure à prendre, à cause de l'effervescence qui regnait dans la ville du Cap ; ils croyaient que le salut de la colonie dépendait des ménagemens qu'ils étaient résolus de garder ; ils ajouterent qu'ils connoissaient toute l'injustice des dénonciations qui mettaient nos jours en péril ; qu'ils chargeraient

le général Rochambau d'en rendre compte au ministre
et de nous faire conserver nos appointemens pendant
l'année entiere que durerait notre congé.

Forts de ce traité dont nous déposons les actes
dans le sein des représentans de la nation, nous nous
présentons avec confiance pour en reclamer l'exécution.

SUIT LA TENEUR DES ACTES.

» Au nom de la nation,

» Nous Léger-Félicité-Sonthonax, commissaire-na-
» tional civil délégué aux isles Françaises de l'Amérique
» Sous-le-Vent.

» Permettons au sieur . . . . . (officier) au 92eme.
» régiment, de passer en France, *à la charge par lui*
» *de se pourvoir d'un congé auprès du chef militaire*, et
» de se munir d'un passe-port de la municipalité du Cap;
» le mettons par ces présentes sous la sauve-garde de
» la loi.

» Au Cap le 1er. Novembre 1792.

» *Signé* SONTHONAX.

« Par M. le commissaire national civil.

Signé O. S. DELPECH ».

» En vertu de la réquisition ci-dessus, permettons au
» sieur . . . . (officier) au 92e. régiment d'in-

» fanterie, de passer en France, *et nous lui accordons en*
» *conséquence un congé d'un an, pendant lequel nous*
» *croyons qu'il doit jouir de ses appointemens.*

» Fait au Cap le 2 Novembre 1792.

» Le gouverneur général des
„ isles Françaises de l'Amérique
» Sous-le-Vent.

» *Signé* ROCHAMBEAU.

» Expédié à la municipalité du Cap le 2 Novembre
» 1792. *Signé,* le procureur de la commune ».

Chacun de nous obtint un congé et un passe-port
semblables.

Le général écrivit successivement au ministre de la
guerre les deux lettres suivantes.

PREMIERE LETTRE.

» *Au Cap le 2 Novembre 1792. L'an 4ᵉ. de la liberté.*

» J'ai l'honneur de prévenir le ministre de la guerre
„ qu'en vertu de la réquisition de M. Sonthonax, com-
„ missaire civil, *j'ai donné un congé d'un an pour passer*
„ *en France,* à MM. *Begy, lieutenant colonel, Bernchard,*
» *adjudant major, Clarke, capitaine, Sherlsok, O Connor,*

» *Bourks et Créagh, lieutenans.*, tous officiers du 92°. ré-
» giment d'infanterie ».

« Le gouverneur général des
» isles Sous-le-Vent.

Signé DONATIEN ROCHAMBEAU.

DEUXIEME LETTRE.

Au Cap le 19 Novembre, l'an 4°. de la liberté.

Congé d'un an pour France à sept
officiers du 92e régiment.

MONSIEUR,

« J'ai l'honneur de vous prévenir qu'en vertu de la
» réquisition de M. Sonthonax, commissaire civil, en date
» du 1er. de ce mois, *j'ai donné un congé d'un an pour*
» *passer en France à MM. Begy, lieutenant colonel, Be-*
» *rnhard, adjudant-major, Clarke, capitaine, Sherlock ó*
» *Connor, Bourke et Créagh lieutenans* tous officiers du
» 92°. régiment ; ledit congé se trouve au bas de la ré-
» quisition qui en a été faite, dont lesdits officiers sont
porteurs.

» *Je croirai, Monsieur, qu'il serait juste de les faire*
» *jouir de leurs appointemens pendant le tems du congé.*

» Le gouverneur général des
» isles Sous-le-Vent de l'Amé-
» rique.

» *Signé* DONATIEN ROCHAMBEAU. »

A notre débarquement à Nantes et à Paimbeuf, nous fîmes viser nos congés les 1ᵉʳ. et 2 Janvier de la présente année 1793.

Arrivés à Paris, nous les présentâmes au ministre de la guerre qui les communiqua au conseil exécutif ; et nous reçûmes chacun un avis conçu en ces termes :

« Le conseil exécutif provisoire, sur le vu des pieces
» à l'appui de la demande des citoyens . . . . . . *confirme*
» *le congé provisoire à l'effet de repasser en France,* qui
» vous a été accordé par le général Rochambeau, gou-
» verneur des isles Sous-le-Vent, et à la réquisition du
» Citoyen Sonthonax, commissaire national civil auxdites
» isles, *ledit congé commençant au 2 Novembre 1792 pour*
» *finir au 2 Novembre de la présente année.*

Signé F . X . FÉLIX.

Législateurs, voilà nos titres, prononcez maintenant sur notre sort ; vous croirez sans doute que nos places nous ayant été conservées avec appointemens, pendant une année de repos, et avec la perspective d'un avancement mérité par de pénibles travaux, nous ne pouvons qu'aspirer à voler aux combats ? nous le pensions aussi ; par quelle fatalité sommes-nous donc exposés à nous voir enlever des droits aussi légitimes ? Pourquoi après avoir été envoyés loin de l'arène sur laquelle nous avons versé notre sang pour la patrie, nous trouvons-nous subitement sans places, sans appointemens et sans ressource ?

Cela n'est cependant que trop vrai.

(8)

Il vient d'arriver de St.-Domingue un état de revue dans lequel nous sommes compris comme destitués, après notre départ de la Colonie.

Nous demandons les motifs de cette cruelle destitution, nul acte ne les indique ; le ministre les ignore : il écrit au général Rochambeau pour être informé, et jusqu'aux moment incertain de la réponse, nous nous voyons condamnés à mourir de faim, dans l'humiliante situation de citoyens réprouvés et d'hommes sans aveu.

Législateurs, la provision est due aux titres, et ce principe, conforme à la justice et à l'humanité, milite en notre faveur.

Nous sommes partis de St-Domingue en vertu et sur la foi d'un congé limité ; nous nous sommes embarqués avec la promesse écrite de la conservation de nos places et de nos appointemens. Les commissaires nationaux, le commendant général et le conseil exécutif, en un mot, toutes les autorités publiques sous lesquelles la loi nous avaient placés, nous ont garanti ces droits inviolables : depuis comme avant notre départ, il ne s'est pas élevé le plus léger nuage sur notre conduite ; non, citoyens, pas le plus léger nuage, et je ne crains point de compromettre mes camarades en nous soumettant au glaive des loix, si un mot, si une démarche légalement prouvée, peut justifier notre destitution.

Environnés d'ennemis d'autant plus furieux que notre fermeté et notre courage à maintenir le bon ordre déjouait toutes leurs intrigues, nous n'avons cessé de braver la mort pour rester à nos postes.

Les commissaires nationaux ont cru devoir céder au torrent des commotions populaires; leur sagesse prévoyant de plus grands maux, a cru devoir nous éloigner pour enlever tout prétexte aux auteurs des désordres publics; pour céder à l'autorité légitime, nous avons accepté des congés limités avec appointemens; ces congés, les lettres du général et l'approbation du conseil exécutif, prouvent évidemment que nous n'avons pas démérité de la patrie et que notre destitution, postérieure à notre départ de Saint-Domingue, ne peut être que l'effet d'une erreur ou d'une intrigue, coupable dont nous ne devons pas être les victimes, puisque le ministre lui-même en ignore les motifs, puisque si, comme tout le prouve, ces motifs n'existaient pas à l'époque de notre départ, ils n'ont pas pu naître: après notre embarquemeut et notre arrivée en France.

Cependant n'ayant pour toute existence que nos places et nos appointemens, nous manquons de subsistance, et si votre justice ne venait promptement à notre secours, la misere seroit le terme de tous nos services, de notre invariable dévouement à l'intérêt de la patrie, des dangers que nous avons couru pendant trois années, et du sang que nous avons versé en combatant les révoltés de St-Domingue.

Citoyens représentans, nous vous adressons nos plaintes avec la sécurité qui accompagne des hommes

B

sans reproches, et avec la confiance que nous inspirent nos travaux passés, notre zèle pour le salut de la patrie et le desir ardent de retourner à nos postes.

En conséquence nous vous prions de décreter la conservation de nos places et de nos appointemens avec l'expectative de l'avancement suivant notre rang d'ancienneté

Signé SHERLOCK.

Chez le Citoyen RAINVILLE, Imprimeur de la Commission générale des Monnoies, rue de Seine St.-Germ. N°. 1405.